11 Avril 1881.

p

VENTE

DE

Mme Hortense **SCHNEIDER**

DIAMANTS

OBJETS D'ART

ET

D'AMEUBLEMENT

TAPISSERIES

Me **ESCRIBE**	M. A. **BLOCHE**
COMMISSRE-PRISEUR	EXPERT
Rue de Hanovre, n° 6	rue Laffitte, n° 44

PARIS — 1881

Vve RENOU, MAULDE et COCK
IMPRIMEURS DE LA COMPAGNIE DES COMMISSAIRES-PRISEURS
Rue de Rivoli, 144

CATALOGUE

DES

DIAMANTS

DIADÈMES, RIVIÈRES, COLLIERS, PENDENTIFS

MAGNIFIQUE COLLIER DE PERLES

Très-belles Perles poires, beaux Bijoux

ARGENTERIE ANCIENNE

OBJETS D'ART ET D'AMEUBLEMENT

MEUBLES ANCIENS ET DE STYLE

Marbres, Bronzes, Porcelaines anciennes, Faïences, Montres, Bijoux anciens
Boites, Éventails, Étuis, Objets de vitrine, Étoffes

BELLES TAPISSERIES

Appartenant à Mme Hortense SCHNEIDER

DONT LA VENTE AURA LIEU

HOTEL DROUOT, SALLE N° 1

Du Lundi 11 au Samedi 16 Avril 1881

A DEUX HEURES

Me ESCRIBE	**M. A. BLOCHE**
COMMISSre-PRISEUR	EXPERT
Rue de Hanovre, n° 6	Rue Laffitte, n° 44

CHEZ LESQUELS SE TROUVE LE PRÉSENT CATALOGUE

EXPOSITIONS

PARTICULIÈRE	PUBLIQUE
Le Samedi 9 Avril 1881	Le Dimanche 10 Avril 1881

DE UNE HEURE ET DEMIE A CINQ HEURES ET DEMIE

PARIS — 1881

ORDRE DES VACATIONS

Lundi 11 Avril

Diamants, Perles, Bijoux.

Mardi 12 Avril

Bijoux.

Mercredi 13 Avril

Argenterie, Éventails, Objets de vitrine, Bijoux anciens.

Jeudi 14 Avril

Porcelaines de Saxe, de la Chine et du Japon, Faïences. Terres cuites, commencement des Bronzes.

Vendredi 15 Avril

Suite des Bronzes, Marbre, Meubles anciens.

Samedi 16 Avril

Meubles de style et modernes, Tapisseries, Étoffes, Objets courants.

CONDITIONS DE LA VENTE

Elle sera faite expressément au comptant.

Les Acquéreurs paieront en sus des adjudications CINQ CENTIMES PAR FRANC applicables aux frais.

Aucune réclamation ne sera admise une fois l'adjudication prononcée.

DÉSIGNATION

BIJOUX

1 — Paire de très-belles **PERLES POIRES**, pesant avec leurs petites calottes en roses et brillants 11 grammes 65 centigrammes, surmontées de deux boutons formés de deux beaux brillants solitaires.

Pièce très-rare.

2 — Magnifique **COLLIER DE PERLES**, composé de un rang de quarante et une grosses perles, pesant 1,096 grains, avec fermoir, composé d'un beau saphir entouré de dix brilants.

Pièce importante. Remarquable par la beauté des perles.

3 — Paire de magnifiques **POIRES ÉMERAUDES** avec boutons et entre-deux en brillants.

Pièce rare.

4 — Très beau **DIADÈME** en brillants formé de rinceaux, de coquilles et de cinq étoiles se démontant pour être dispersées dans la coiffure ou pour être appliquées sur velours.

5 — Grande et belle **RIVIÈRE**, composée de 75 chatons en brillants.

6 — Belle **RIVIÈRE** composée de 77 chatons en brillants.

7 — Belle **RIVIÈRE** composée de 81 chatons en brillants (manque une pierre à l'extrémité).

8 — Très-belle **BROCHE PENDENTIF**, composée d'une grande turquoise ovale et d'une grande turquoise pendeloque entourées de brillants.

9 — Belle **AIGRETTE**, composée au cartouche d'un gros brillant et d'un double entourage, rayons et gerbes tout en brillants.

10 — Très-beau **MÉDAILLON OVALE**, tout pavé de beaux brillants, bordure en roses, sertissures en roses, bélière en brillants.

11 — **BROCHE** servant d'applique de collier, forme rosace tout en brillants avec pampilles en brillants.

12 — Paire de grands et beaux **BOUTONS DE MANCHES**, composés de camées durs à deux couches offrant des bustes de femmes de profil entourés de brillants.

13 — **BAGUE** marquise, grosse turquoise entourée de brillants.

14 — **BAGUE** en or emaillé noir enrichi, de trois brillants.

15 — Très-belle **BAGUE** composée d'un gros rubis et deux brillants.

16 — Très-belle **BAGUE** composée d'une grosse perle grise et de deux brillants.

17 — Belle **BAGUE** composée d'un gros saphir cabochon et deux brillants.

18 — Belle **BAGUE** composée d'une turquoise et deux brillants.

19 — Grand **COLLIER**, modèle Renaissance, en brillants.

20 — Grand et beau **PENDENTIF**, forme cadre, pour recevoir un portrait, tout en brillants et saphirs.

21 — Beau **PENDENTIF**, forme trèfle, composé de trois saphirs, pendeloques, et entourés de brillants.

22 — Jolie **BROCHE** composée de neuf brillants.

23 — **PENDENTIF** composé de trois turquoises, monture en brillants.

24 — Beau **COLLIER** avec applique en brillants, perles et roses.

25 — Joli **PENDENTIF**, forme oiseau, composé d'une opale, ailes et entourage en brillants.

26 — Paire de beaux **BOUTONS D'OREILLES**, gros saphirs entourés de brillants.

27 — Paire de beaux **BOUTONS D'OREILLES**, brillants solitaires.

28 — Beau **COLLIER** en brillants, monture en argent, avec pendentif en brillants.

29 — Paire de belles **BOUCLES D'OREILLES** avec pendeloques en brillants anciens, dont le milieu est orné de briollettes.

30 — **BROCHE**, fleurs et feuillages, ornée de pampilles tout en brillants.

31 — Paire de **BOUCLES D'OREILLES** avec pendeloques, dont le bouton forme nœud en brillants.

32 — **COLLIER** en or, orné d'une plaque de milieu en brillants et de petites pendeloques.

33 — Jolie **BROCHE** forme perroquet tout pavé en brillants et l'aigrette ornée de rubis; il est perché sur une barrette dont les bouts sont en perles.

34 — **CŒUR** pavé en brillants, le milieu orné d'un beau rubis surmonté d'un nœud en brillants, avec rubis au milieu, formant broche et médaillon.

35 — **MÉDAILLON** en or mat, orné d'un fer à cheval en brillants.

36 — **MÉDAILLON** en or mat, orné d'un saphir et de brillants.

36 *bis* — **MÉDAILLON** en or mat, orné d'une émeraude, quatre roses et quatre perles avec bélière en roses.

37 — **MÉDAILLON** en or mat, avec applique en rubis et roses.

38 — **BAGUE** marquise toute pavée en brillants, dont un très fort au milieu et vingt plus petits.

39 — **BAGUE** ornée d'une jolie perle entourée de brillants.

40 — **BAGUE** ornée d'un saphir et double entourage en brillants.

41 — **BAGUE** en or, ornée d'un beau brillant jaune entourée de brillants blancs.

42 — **BAGUE** en or, ornée d'une turquoise ancienne, entourée de brillants.

43 — **BAGUE** en or, ornée de turquoises, perles et roses.

44 — **BAGUE** en or, ornée d'une émeraude entourée de brillants montés à griffes.

45 — **BAGUE** marquise, le milieu orné d'un rubis et double entourage de brillants et rubis.

46 — Très belle **BROCHE**, forme araignée, composée de deux gros brillants et de nombreux brillants de diverses grosseurs, les extrémités du corps et des pattes sont enrichies de roses.

10,100 — 47 — Belle **BROCHE** forme plaque composée au centre d'un gros brillant et de deux entourages de brillants.

6000 —

48 — Beau **PENDENTIF** formé d'un gros œil-de-chat, monture enrichie de brillants.

49 — **BAGUE** en or style Louis XV, ornée de deux émeraudes en forme de blason et surmontée d'une petite couronne en brillants.

50 — Très jolie **BAGUE** de fantaisie en or, ornée au milieu d'une perle et de deux petites pendeloques en saphirs et rubis entourés de brillants.

51 — **BAGUE** ornée d'un œil-de-chat entouré de brillants.

52 — **BAGUE** en or, ornée d'un beau brillant blanc ancien et tout le corps pavé de petits brillants.

53 — Paire de **BOUCLES D'OREILLES-PENDELOQUES** ornée d'émeraudes avec double entourage en roses et brillants, monture en or.

54 — **BROCHE**, formant fleur, dont le milieu est orné d'une belle perle grise et les pédales toutes pavées de brillants; elle se démonte pour faire épingle à cheveux.

55 — Très beau Bracelet en or poli, avec applique ornée d'une belle perle grise, avec entourage en brillants; le corps du bracelet est orné de neuf chatons en brillants et l'applique se démonte pour faire broche.

56 — Paire de **BOUTONS D'OREILLES** œils de chat, doubles entourages en brillants.

57 — **BRACELET** en or enrichi d'une perle rose entourée de brillants, corps orné de brillants,

58 — **BRACELET** composé d'un œil de chat, entourage brillants, corps enrichi de brillants.

59 — **BRACELET** porte-bonheur en rubis.

60 — **BAGUE** composée d'une émeraude entourée de brillants.

61 — **BAGUE** perle blanche entourée de brillants.

62 — **BAGUE** composée d'un gros rubis cabochon et de brillants.

63 — **BAGUE** marquise, composée d'un saphir et de brillants.

64 — **BAGUE**, forme jonc, enrichie de cinq brillants.

65 — Beau **PENDENTIF**, forme fer à cheval, en brillants.

66 — Très-beau **PEIGNE** tout en brillants.

67 — Paire de beaux **BOUTONS D'ORELLES**, composés chacun d'une jolie perle blanche bouton, entourée de brillants.

68 — **BRACELET** en or mat, enrichi d'un fer à cheval en brillants, se démontant pour former broche.

69 — Petite **BROCHE** en perles et brillants.

70 — **PORTE-CARTES** avec glace à l'intérieur en or guilloché et ciselé, style Louis XVI.

71 — Paire de **BOUTONS DE MANCHES**, composés chacun d'un grenat cabochon entouré de brillants.

72 — Beau **PENDENTIF** en forme de trèfle, composé d'un gros brillant pendeloque, un rubis, un saphir, une émeraude, tout entourés de brillants avec bélière en brillants.

73 — **PORTE-BONHEUR** en rubis et brillants.

74 — **PORTE-BONHEUR** en saphirs et brillants.

75 — **ÉPINGLE** formée d'une grosse perle grise, forme poire, calotte en roses.

76 — **BRACELET** souple, composé de quarante-cinq chatons en brillants.

77 — **BAGUE** composé d'une grosse turquoise, entourée de brillants.

78 — **BAGUE** composée d'un gros saphir entouré de brillants.

79 — **BAGUE**, gros brillant solitaire.

80 — Paire de grands et beaux **BOUTONS D'OREILLES**, composés chacun d'un saphir et d'un double entourage de brillants.

81 — Belle **BROCHE PENDENTIF**, composée au centre d'un gros brillant, de trois entourages en brillants, avec bélière et ornements en brillants.

82 — **BAGUE** composée d'une perle blanche entourée de brillants.

83 — Beau **CROISSANT** en brillants.

84 — **BAGUE** composée d'un rubis, d'une émeraude et d'un brillant, corps enrichi de brillants.

85 — **BRACELET** enrichi d'un brillant, de deux rubis, forme pendeloques, d'un entourage et de chutes en brillants.

86 — **BAGUE** marquise en brillants.

87 — **COLLIER** et **PENDANTS D'OREILLES** en or, modèle à souris et enrichis de perles.

88 — **GARNITURE** : Broche, Boucles d'oreilles et Boutons de manchettes, forme tortues, en onyx et roses.

89 — **ÉPINGLE**, forme palette, en or, enrichie de brillants, saphir, émeraude, rubis et turquoise.

90 — **BROCHE**, forme fer à cheval, en or mat et turquoises taillées.

91 — **CHAINE** en or, enrichie de scarabées en lapis.

92 — Paire de **PENDANTS D'OREILLES**, forme sonnettes en or mat et onyx.

93 — **BRACELET RUSSE** en argent et turquoises.

94 — **BRACELET SOUPLE** en or avec chiffre A et 6 en turquoises, perles et roses.

95 — **CRAYON ANGLAIS**, forme toupie.

96 — **COLLIER AVEC CROIX** en or, et boules lapis.

97 — Grande **CROIX** en onyx et roses.

98 — **CHAINE** en or avec coulant.

99 — Lot de **BOULES** d'onyx.

100 — **PARURE** en onyx.

101 — **BRACELET** en or et platine.

102 — **BAGUE** en or et platine.

103 — **BAGUE** ornée de trois brillants.

104 — **BAGUE** serpent en or.

105 — Deux **BAGUES** anneaux anglais.

106 — Quatre **CHAINES** de cou en or.

107 — **COLLIER** en or, dessin grec, avec onze médaillons, camées coquilles.

108 — Gros **BRILLANT** de fantaisie, non monté.

ARGENTERIE

109 — Grande et belle **SOUPIÈRE** en argent repoussé et finement ciselé, avec plateau, support richement décoré de guirlandes de lierre et de laurier. Elle est ornée de deux anses à feuillages. Le couvercle dômé est surmonté d'une figure d'enfant assis : allégorie de l'Abondance, époque Louis XVI.

5000 —

110 — Bel **HUILIER** en argent ciselé, aux armes ducales, avec bouchons à coquilles et fruits, époque Louis XV.

111 — Jolie **ÉCUELLE** avec plateau en argent gravé, décorée de guirlandes et d'écussons, ornée d'anses plates, finement ciselées, époque Louis XVI.

112 — Grande et belle **CAFETIÈRE** tripode en argent, ciselé à rainures et feuillages, avec bec orné d'une tête de satyre, époque Louis XVI.

113 — Joli **SUCRIER** en argent ciselé, élevé sur quatre pieds, forme cariatide de béliers et offrant au pourtour des figures d'amours, des guirlandes de fleurs et des ornements, style Louis XVI.

114 — **GARNITURE DE TABLE** en argent, style Louis XVI, modèle amours et guirlandes, avec écussons, composée d'un moutardier, deux bouts-de-table et quatre salières.

115 — **HUILIER** en argent avec ses burettes, bouchons en argent, époque Louis XVI.

116 — **LÉGUMIER** avec couvercle et plateau en argent ciselé et gravé, à armoiries, avec anses forme coquilles.

117 — Grande **CAFETIÈRE** en argent repoussé et ciselé, forme à côtes tournantes, époque Louis XV.

118 — **AIGUIÈRE** à sirop et Poudrière à sucre, en argent gravé, décorée d'armoiries et d'ornements, époque Louis XIV.

119 — **MOUTARDIER** en argent à côtes tournantes, époque Louis XV.

120 — **SUCRIER** en argent repoussé avec médaillon armorié et guirlandes. époque Louis XV.

121 — Deux **SALIÈRES** en argent repoussé, époque Louis XVI.

122 — **COUVERT D'ENTREMETS** en argent doré et ciselé avec mascarons, époque Louis XIV.

123 — **CAFETIÈRE** en argent repoussé et gravé époque Louis XIV.

124 — Médaille en argent à l'effigie du pape Clément X.

125 — Quatre **SALIÈRES** en argent ciselé, époque Louis XIII.

126 — Belle **COUPE** en agate mamelonnée, supportée par une figurine de buveur en argent doré.

127 — **CAFETIÈRE** en argent ciselé à côtes tournantes, époque Louis XV.

128 — Paire de beaux **FLAMBEAUX**, riche modèle à fleurs et coquilles en argent ciselé, époque Louis XV.

129 — Deux **BOUTS-DE-TABLE** et un Moutardier en argent ciselé, décorés de guirlandes et d'armoiries ducales, époque Louis XVI.

130 — Beau **SOLITAIRE** en argent, travail russe composé d'un Plateau, Sucrier, Tasse et Soucoupe, Cafetière, Théière, Pot à crème, Pince à sucre et trois cuillères. (Dans un écrin.)

131 — Jolie **SONNETTE** en argent ciselé, réduction de la grande cloche de Moscou, socle en malachite.

132 — **NÉCESSAIRE DE VOYAGE** avec garniture en argent.

133 — **BOITE** en filigrane d'argent.

134 — Beau **SERVICE** en argent, composé d'une corbeille à gâteaux, Cafetière, Théière, Sucrier Pot à crème et Bol.

135 — Petit **BOUGEOIR** en argent, forme diable.

136 — Petit **VERRE** en argent russe.

137 — Grande **CHOCOLATIÈRE** en argent gravé, époque Louis XIV.

138 — Grand **GOBELET** avec couvercle en argent gravé, époque Louis XIV.

139 — **GOBELET** avec couvercle, forme ananas, en argent repoussé et doré, couronné par les aigles russes.

140 — **GOBELET** avec couvercle en argent repoussé à bossages.

141 — Petite **SOUPIÈRE** avec plateau et couvercle en vermeil gravé et ciselé, époque Louis XVI.

142 — **TABLEAU RUSSE**, saint André, riche monture en argent gravé.

143 — **AGRAFE DE MANTEAU** en argent.

ÉVENTAILS

144 — Très bel **ÉVENTAIL** du temps de Louis XV. La feuille en vélin représente une allégorie de *l'Hyménée*, encadrée de rinceaux et d'enroulements. La monture en nacre finement sculptée et à jour représente des médaillons à sujets Watteau, des oiseaux et des rocailles rehaussés d'or.

145 — Joli **ÉVENTAIL** en vernis de Martin, représentant d'un côté le *Concert champêtre*, composition de nombreuses figures, de l'autre des personnages dans un parc; monture à médaillons. Époque Louis XV.

146 — Joli **ÉVENTAIL** en vernis de Martin, représentant d'un côté, des personnages au bord de la mer, de l'autre côté un paysage. Epoque Louis XV.

147 — **ÉVENTAIL** époque Louis XVI, feuille en vélin, décorée de trois médaillons, monture en nacre.

148 — **ÉVENTAIL**, feuille en vélin représentant le *Triomphe de Junon*, monture en nacre et ivoire. Epoque Louis XV.

149 — **ÉVENTAIL**, feuille en vélin, scène champêtre, la *Moisson*, monture en ivoire. Epoque Louis XVI.

150 — Bel **ÉVENTAIL** en dentelle blanche, riche monture en nacre finement sculpté à attributs de musique.

151 — **ÉVENTAIL** décor à sujet champêtre, monture en nacre sculpté et rehaussé d'or.

152 — **ÉVENTAIL**, sujet champêtre, monture nacre et rehauts d'or.

153 — **ÉVENTAIL** du temps de Louis XV, feuille en vélin, représentant des scènes de l'histoire d'Alexandre. Monture en ivoire sculpté et rehaussé de peinture.

154 — **ÉVENTAIL** du temps de Louis XV, feuille à sujets Watteau, monture en ivoire.

155 — **ÉVENTAIL**, sujet champêtre, monture en nacre, rehaussé d'or.

156 — Très grand **ÉVENTAIL** peint sur soie, représentant *Daphnis et Chloé*, monture en bois noir.

157 — **ÉVENTAIL** en soie noire, monture en bois sculpté, orné de paillettes d'acier.

158 — **ÉVENTAIL** en faille noire avec bouquet de marguerites jeté. Monture bois noir.

159 — **ÉVENTAIL** en faille mauve, monture en nacre.

160 — Quatre **ÉVENTAILS** chinois, suisse, etc.

OBJETS DE VITRINE

BOITES, MINIATURES, ÉTUIS, BIJOUX ANCIENS, MONTRES IVOIRES, FLACONS, ÉMAUX

161 — Jolie **BONBONNIÈRE** ronde en écaille blonde piquée d'or, ornée sur le couvercle d'une miniature sur ivoire représentant *Mlle de Rouvres*, représentée debout, coquettement costumée et accoudée sur un autel où se béquètent deux colombes. Cadre en or, époque Louis XVI.

162 — **BONBONNIÈRE** en écaille, ornée sur le couvercle, d'une miniature, portrait d'une artiste pinçant de la guitare. Epoque Louis XVI.

163 — **BONBONNIÈRE** en ivoire avec miniature sur le couvercle, portrait d'un vieillard. Epoque Louis XVI.

164 — Jolie **BONBONNIÈRE** en ivoire, montée en or, offrant sur le couvercle un médaillon en vernis de Martin, cadre en or émaillé, Epoque Louis XVI.

165 — **BONBONNIÈRE** en ivoire, offrant sur le couvercle une peinture en grisaille sur fond bleu, allégorie de la peinture, cadre en or, Epoque Louis XVI.

166 — **BOITE CARRÉE** en jaspe, finement évidée montée à charnière et à griffe, époque Louis Louis XV.

167 — **BOITE** en vernis de Brunswick, représentant deux compositions d'Angelica Kaufmann, monture à charnière en argent.

168 — **DRAGEOIR** en nacre dessus un caillou d'Egypte, monture en or.

169 — **BOITE A MOUCHES** en agate,montée en or à charnière représentant autour du couvercle des sujets de chasse, époque Louis XV.

170 — **BOITE** à charnière en cristal de roche taillé à facettes, monture en or, àcharnière.

171 — Belle **BOITE** en porcelaine de Menecy représentant un chameau couché et portant des brebis dans sa selle, dessous décor à fleurs sur émail. Monture à charnière. Epoque Louis XV.

172 — **BOITE FORME ŒUF** en écaille blonde piquée d'or, époque Louis XVI.

173 — **BOITE RECTANGULAIRE** en ancienne porcelaine de Saxe, décor fleurs, coqs et poules.

174 — Jolie **MONTRE** en or émaillé en plein représentant sur le boîtier une corbeille de fleurs et des colombes. Mouvement de Baillon à Paris. Epoque Louis XV.

175 — Jolie **MONTRE** en or émaillé en plein représentant un couronnement d'enfant. Mouvement de Le Roy. Epoque Louis XV.

176 — **MONTRE** en or émaillé violet, bordure à feuillages rouge et vert, entourage du cadran en jargons, époque Louis XVI.

177 — **MONTRE** en or émaillé couleur orange entourages en perles et rubis. Epoque Louis XVI.

178 — Jolie **PETITE MONTRE** savonnette forme corbeille de fleurs en or émaillé.

179 — **MONTRE** forme tête de mort, en argent.

180 — **POMME D'OMBRELLE** en or avec montre et cassolette, époque Louis XVI.

181 — **POMME D'OMBRELLE** en ancienne porcelaine de Saxe, décor à fleurs et rocailles verts et or.

182 — Joli **BEC D'OMBRELLE** en ancienne porcelaine de Saxe, représentant une tête de satyre en relief et une scène pastorale.

183 — Beau **NÉCESSAIRE DE DAME** en or de couleur, finement ciselé, offrant sur fond à soleils des bouquets de fleurs encadrés de rocailles et dans le bas un compartiment réservé pour renfermer un portrait; époque Louis XV.

184 — Joli **NÉCESSAIRE DE DAME** en or ciselé et repoussé, représentant des scènes champêtres et des rocailles; époque Louis XV.

185 — **PORTE-CARTES** en ancienne laque du Japon, fond d'or.

186 — Petit **NÉCESSAIRE**, ustensiles garnis en or, étui galuchat, époque Louis XVI.

187 — Petit **NÉCESSAIRE** forme noix, avec petits accessoires et calendrier de 1816.

188 — **MIROIR DE POCHE** en argent gravé, partie doré, avec miniature, (portrait de femme) à l'intérieur.

189 — **FLACON** à double compartiment, monté en or du temps de Louis XV, avec écrin en cuir rouge gaufré et doré.

190 — Joli **ÉTUI** en or finement repoussé et émaillé en plein, représentant des Amours, des fleurs et des fruits; époque Louis XV.

191 — **ÉTUI** en laque piqué d'or Louis XVI.

192 — **ÉTUI** forme bébé, en vieux Saxe.

193 — **NAVETTE** en vernis de Martin, sujet de chasse; époque Louis XV.

194 — **ÉTUI** en or émaillé et aventurine, renfermant une paire de ciseaux et un poinçon.

195 — **CHATELAINE** en or avec médaillon, breloques, clé et cachets en Wedgwood; époque Louis XVI.

196 — **CHATELAINE** en acier faceté et Médaillon en Wedgwood.

197 — **CACHE-PEIGNE** en acier avec bas-reliefs en Wedgwood.

198 — Jolie **PARURE** en marcassites du temps de Louis XVI.

199 — **MÉDAILLON** en or, scène galante; époque Louis XVI.

200 — **ÉTUI** à ciseaux en or.

201 — **BAGUE** en or émaillé, avec chaton enrichi d'un rubis; XVIe siècle.

202 — Deux **BAS-RELIEFS** sur bois, travail gréco-russe.

203 — **MINIATURE** dans un écrin, représentant *Diane et Endymion*; époque Louis XVI.

204 — **MINIATURE** représentant deux jeunes femmes à une fenêtre, tenant un bougeoir et montrant une lettre; époque Louis XVI.

205 — Jolie **BOITE OVALE** en cristal de roche finement évidé, montée à charnière en or de couleur, époque Louis XV.

206 — Petit **ÉTUI** en jaspe sanguin, monté en or: époque Louis XV.

207 — Paire de **CISEAUX** dans un joli étui en or repoussé et ciselé, à fleurs et rocailles; époque Louis XV.

208 — **CHATELAINE AVEC NÉCESSAIRE** et deux cassolettes en cuivre repoussé, ciselé et doré; époque Louis XV.

209 — Petit **ÉMAIL PEINT** sur or : les *Travaux de l'Amour*; époque Louis XV.

210 — Jolie **BAGUE** en or du XVIe siècle, enrichie d'un beau diamant et de deux rubis.

211 — **BAGUE** en or émaillé du XVIe siècle, chaton en rubis.

212 — **BAGUE** en or émaillé du XVIe siècle, chaton en turquoise.

213 — **BAGUE** en or émaillé du XVIe siècle, chaton en rubis.

214 — Joli **PETIT CACHET DE DAME** en cornaline gravée, monture en or, genre Bérain.

215 — Jolie **MANDOLINE** formant montre en or émaillé, enrichie de perles; époque Louis XVI.

216 — **BAGUE** marquise fond violet, avec brillant au centre et entourage en brillants; époque Louis XVI.

217 — Paire de beaux **PENDANTS D'OREILLES** tout en roses; époque Louis XV.

218 — **PENDENTIF** en or émaillé, enrichi de perles et de rubis, style du XVIe siècle.

219 — **PENDANT DE COU** en or et roses; époque Louis XIII.

220 — **DEMI-PARURE** en or et roses; époque Louis XIII.

221 — Grand **PENDENTIF** en or émaillé, enrichi de rubis, d'émeraudes et de perles; époque Louis XIII.

222 — **BONBONNIÈRE** en argent russe.

223 — Jolie **MONTURE D'OMBRELLE** en argent doré, enrichie de pierreries.

224 — Petit **CABINET** en laque fin du Japon.

225 — Petite **CASSOLETTE** en cuivre émaillé.

226 — Petit **GROUPE** en bois sculpté; XVIe siècle.

227 — Joli **MANCHE D'OMBRELLE** en corail sculpté.

228 — **BONBONNIÈRE** forme mandoline, en nacre et métal.

229 — **BONBONNIÈRE** en émail moderne.

230 — Petit **POIGNARD**, manche en ivoire, fourreau en bois sculpté.

231 — Deux **COUPE-PAPIERS** en bronze.

232 — Petite **COUPE** en agate.

233 — Petit **FLACON** en émail fond jaune à dragons et fleurs.

234 — **BONBONNIÈRE** en porcelaine d'Allemagne fond vert à médaillon.

235 — **CACHET**, forme vase, en cristal de roche gravé.

236 — **COUPE** avec couvercle en émail de Limoges, représentant en grisaille des scènes allégoriques à l'histoire de Diane.

237 — Deux **FLAMBEAUX** carrés en émail moderne genre Limoges.

238 — **PORTE-CIGARETTE** en bois incrusté d'argent.

239 — Jolie **COUPE** en émail de Limoges, élevée sur piédouche représentant cinq bustes d'hommes; XVIe siècle.

240 — Jolie **MINIATURE** sur ivoire, portrait d'une grande dame avec chapeau à panache, signée Piplart, cadre en bronze ciselé et doré; époque Louis XVI.

241 — **MINIATURE**, portrait de la princesse de Lamballe, cadre en argent enrichi de cailloux du Rhin.

242 — **MINIATURE**, portrait de grande dame représentée en costume Henri II.

243 — **MONTRE** en or avec émail peint à sujet sur le boîtier; époque Louis XVI.

244 — **MANCHE D'OMBRELLE** en porcelaine de Saxe, représentant un buste de femme.

245 — **COUTEAU** et **FOURCHETTE** à manche d'ivoire sculpté; époque Louis XIII.

246 — **FIGURINE** de saint en ivoire sculpté; XVIe siècle.

247 — Petit **FLACON** en agate, monture en cuivre du XVIe siècle.

248 — Glace à main, cadre en cuivre.

249 — Petit Cadre en bronze doré.

PORCELAINES

250 — Deux beaux **VASES** rouleaux en ancienne porcelaine de la Chine de la famille verte, riche décor à mandarins rehaussé d'or.

251 — **GARNITURE DE TROIS BELLES POTICHES** en ancienne porcelaine du Japon; riche décor à fleurs, chimères, papilloni et ornements. Les couvercles sont surmontés de chimères.

252 — Grande et belle **JARDINIÈRE**, forme cul-de-poule, en ancienne porcelaine de Chine; décor paysage en camaïeu bleu.

253 — Paire de beaux **VASES** en ancienne porcelaine de Saxe, forme à côtes, fond gaufré, décorés de fleurs et de fruits en relief.

254 — Grande et belle **POTICHE** avec couvercle en ancienne porcelaine du Japon; décor à médaillons de fleurs et jardinières, en bleu, rouge et or.

255 — Deux grandes et belles **POTICHES** avec couvercles en ancienne porcelaine du Japon; riche décor à fleurs et lambrequins en bleu, rouge et or.

256 — **VASE** en ancienne porcelaine du Japon, fond bleu quadrillé d'or et médaillons à fleurs.

257 — **ENCRIER** en ancienne porcelaine de céladon bleu turquoise truité fin, monture bronze doré; époque Louis XV.

258 — Deux **VASES** en porcelaine de Sèvres, pâte tendre; décor fond bleu de roi, vermicellé d'or, avec médaillons représentant des scènes militaires, ornés d'anses à serpents enlacés; époque Louis XVI.

259 — Deux **GROSSES BOUTEILLES** en ancienne porcelaine de Chine de la famille verte; décor à fleurs.

260 — Beau **VIDRECOME** en ancienne porcelaine de Saxe, fond blanc à figures, fleurs et oiseaux rehaussés d'or, monture en vermeil ciselé; époque Louis XVI.

261 — Deux jolis **GROUPES** en vieux Saxe (Amours et Enfant).

262 — Deux petits **FAISANS** en vieux Saxe.

263 — Deux petits **CARLINS** couchés, en vieux Saxe.

264 — Deux petits **GROUPES** en ancienne porcelaine de Saxe, représentant *le petit Garçon au chien* et *la petite Fille jouant avec un chat*; costumes à dentelles.

265 — **GROUPE** en vieux Saxe, *l'Enfant à l'oiseau.*

266 — **GROUPE** en vieux Saxe, *Enfants guerriers tenant un écusson.*

267 — Deux petits **GROUPES** de deux figures d'enfants en vieux Saxe.

268 — **GROUPE** en vieux Saxe, allégorie de l'automne.

269 — **BOURDALOUE** en vieux Saxe, décor à myosotis en relief.

270 — Deux **CACHE-POTS** en ieux Saxe, décor à fleurs avec anses à volutes.

271 — Deux **TONNEAUX** en porcelaine de la Chine; décor en bleu sur blanc.

272 — Grande **CUILLER** en vieux Saxe gaufré à fleurs.

273 — **CUILLER** en ancienne porcelaine de l'Inde. décor à fleurs.

274 — Grande **FIGURINE** en vieux Saxe: un Turc.

275 — Grande **FIGURINE** en vieux Saxe: un Hongrois.

276 — Grande **FIGURINE** en vieux Saxe: un Oriental.

277 — Beau **GROUPE** de trois figures en vieux Saxe: Silène.

278 — Trois grands **PLATS** en ancienne porcelaine du Japon, décor bleu, rouge et or.

279 — **LUSTRE** en porcelaine de Saxe, forme rocaille, orné de pendeloques à bouquets de fleurs.

280 — Deux **APPLIQUES** à deux lumières en porcelaine de Saxe, décorées de sujets d'après Watteau.

281 — **POTICHE** avec couvercle en porcelaine du Japon, décor en bleu sur blanc.

282 — **CORNET** en ancienne porcelaine de la Chine, de la famille rose, décor à fleurs.

283 — Paire de jolis **VASES** en porcelaine du Japon, décor fond bronze simulant la damasquinure d'or et d'argent.

284 — Deux **GROUPES** de trois figures en porcelaine de Saxe.

285 — **COFFRET** en porcelaine de Naples, décoré de sujets à relief.

286 — Douze **ASSIETTES** en ancienne porcelaine de la Chine, décor à fleurs.

287 — **GLACE** avec cadre en porcelaine de Saxe, ornée de groupes d'amours au fronton.

288 — Deux grands **VASES** en porcelaine de Minton, décorés de fruits avec anses forme rubans.

289 — Deux **CORNETS** en porcelaine du Japon, décor bleu sur blanc.

290 — **JARDINIÈRE** en porcelaine de Saxe, décor oiseaux.

291 — **VASE** en porcelaine fond gros bleu rehaussé d'émaux.

292 — Quatre **TASSES** à café en porcelaine de Sèvres moderne, décor paysage.

293 — **SUCRIER** en porcelaine de Saxe, décor à fleurs.

294 — Petit **VASE** en porcelaine de la Chine, fond craquelé.

295 — **SUCRIER** et plateau en ancienne porcelaine du Japon, décor à fleurs en bleu, rouge et or.

296 — Deux **SALIÈRES** avec cuillères en porcelaine de Berlin.

297 — Deux **SALIÈRES** en porcelaine de Saxe, décor oiseaux.

298 — **COUPE** forme jonque en porcelaine d'Allemagne, décorée de sujets mythologiques en relief.

299 — **TASSE** et soucoupe, fond rose à médaillons, montées en argent.

300 — **SUCRIER** en porcelaine de Worchester, décor à fleurs en relief bleu sur blanc.

301 — **GARNITURE DE TOILETTE** en porcelaine de Sèvres.

FAIENCES, TERRES CUITES

302 — Très belle et grande **AIGUIÈRE** en terre cuite et vernissée du XVIe siècle. La panse de forme ventrue offre en bas, relief des sujets fantastiques, le bec est orné d'un dragon avec allégorie de l'Amitié au-de.sous, et l'anse a la forme d'une sirène (Pièce curieuse).

303 — Deux jolis **CORNETS** en faïence d'Urbino, décor à médaillons fond bleu et attributs en jaune, XVIe siècle.

304 — Jolie **ASSIETTE** en faïence de Moustiers, offrant au centre un médaillon : le Triomphe de Diane, et sur le bord des guirlandes de fleurs.

305 — **PLAT** en faïence de Castelli, décoré au centre d'une scène allégorique et d'arabesques sur le bord.

306 — Grande **JARDINIERE** sur socle tripode en faïence italienne moderne, à riche décor polychrome.

307 — Deux grands **CRUCHONS** en grès de Flandre.

308 — **JARDINIÈRE** en faïence de Nevers.

309 — **JARDINIÈRE** rectangulaire en faïence.

310 — Deux beaux **CACHE-POTS** en faïence de Nevers, décor polychrome et à relief.

311 — Jolie **TIRELIRE** en faïence de Nevers, décor polychrome.

312 — Beau **PLAT** en faïence de Gubbio, décor à reflets métalliques offrant au centre un Amour sautant à la corde et sur les bords des arabesques et des cariatides à têtes de dragon, cadre en bois doré.

313 — Grand **PLAT** en faïence de Savone, décor bleu sur blanc, représentant au centre les armes des Médicis et sur les bords des chimères et des vases.

314 — **CORNET** en faïence d'Urbino, décor à médaillon et ornements.

315 — **CHIEN** et **CHAT** en faïence, fond jaune.

316 — **CORBEILLE** en faïence de Nevers.

317 — Beau **VASE** en faïence italienne, décor à reflets métalliques, représentant au pourtour sur fond bleu des sujets mythologiques en camaïeu. Les anses sont formées par des sirènes et autour du col se dessine une suite de guirlandes et de mascarons (Le piédouche est refait).

318 — **BUIRE** en faïence italienne.

319 — Petit **VASE** à anses en faïence de Moustiers; décor oiseaux et fleurs.

320 — **THÉIÈRE, SUCRIER** et **SIX TASSES** en faïence de Castelli; décor à figures, XVIIe siècle.

321 — **COCOTTE** en faïence.

322 — **PORTE-HUILIER**, Assiettes et Tasses en faïences, diverses.

323 — **AIGUIÈRE** en faïence d'Urbino, forme sirène, XVIe siècle.

324 — **JARDINIÈRE** avec couvercle et plateau en faïence de Cronenbourg.

325 — Deux **CORNETS** en faïence de Marseille, décor à fleurs.

326 — Deux **JARDINIÈRES** en faïence italienne; décor à la Raphaël.

327 — **COUVERCLE** en faïence de Moustiers, décor polychrome.

328 — Deux **PLAQUES** de revêtements en faïence arabe avec armoiries.

329 — **BUIRE** en faïence italienne.

330 — Deux **PORTE-BOUQUETS** de Delft, décor bleu sur blanc.

331 — **ÉCUELLE** avec couvercle et plateau en faïence de Moustiers.

BRONZES D'ART ET D'AMEUBLEMENT

332 — Belle **PENDULE** en bronze doré, représentant une allégorie de la Science formée par un groupe de muses et d'amours, époque Louis XVI.

333 — **GROUPE** de la Vierge et de l'Enfant, bronze florentin attribué à Jean de Bologne.

334 — **LUSTRE** en bronze doré, garni de cristaux, à vingt lumières, style Louis XVI.

335 — Deux belles **JARDINIÈRES** en onyx, montées en bronze doré, style Louis XIV.

336 — Belle **GARNITURE** de cheminée de Barbedienne, la pendule représente les Trois Grâces, d'après Germain Pilon, supportant une boule d'onyx couronnée par une fleur de lys. Les candélabres, formés de vases en marbre onyx, sont richement montés en bronze doré de bouquets à neuf lumières.

337 — Deux grands **FLAMBEAUX** en bronze doré, même style.

338 — Belle **STATUETTE** en bronze, l'Amour au carquois, monture en bronze poli, époque Louis XVI.

339 — Deux jolies **CASSOLETTES**, forme œuf, en spath-fluor, montées en bronze ciselé et doré, époque Louis XVI.

340 — Beau **CARTEL** en bronze doré, époque Louis XVI. Cadran signé AGERON, à Paris.

341 — Deux beaux **BRAS D'APPLIQUES** à deux lumières en bronze doré, à têtes de béliers et guirlandes, époque Louis XVI.

342 — Beau **GROUPE** en bronze, l'Enfant à la cage, d'après Pigalle, sur socle en marbre bleu turquin orné de bas-relief en bronze doré, style Louis XVI.

343 — Deux grands et beaux **VASES** en bronze du Japon, richement décorés de sujets en bas-relief, supportés par des dragons et couronnés par des figures de guerriers sur des rochers.

344 — Paire de beaux **VASES**, forme amphore, en bronze doré et émail cloisonné, enrichis d'appliques en pierres, travail de Barbedienne.

345 — **PENDULE** à quatre faces, à clochetons en bronze gravé et doré, XVIe siècle.

346 — Deux **SEAUX** italiens en bronze gravé, XVIe siècle.

347 — **GARNITURE DE CHEMINÉE** en porcelaine de Tournai, fond bleu turquoise et à médaillons montés en bronze doré, style Louis XVI.

348 — Deux grands **CANDÉLABRES** à figures d'enfants portant des bouquets de lys à huit lumières, élevés sur colonnes en bois noir, style Louis XVI.

349 — **VASQUE** en cuivre gravé et étamé. Travail d'Orient.

350 — **STATUETTE** de Napoléon Ier en bronze.

351 — Petit **VASE** en bronze.

352 — **BRULE-PARFUMS** en bronze et émail cloisonné.

353 — Deux **PORTE-ALLUMETTES** en bronze et émail cloisonné.

354 — Deux **FLAMBEAUX** à figures de femmes en bronze et émail cloisonné.

355 — Petit **BRULE-PARFUMS** en bronze du Japon.

356 — **PÈSE-LETTRES** en bronze et malachite.

357 — **STATUETTE** en bronze du XVIe siècle (le Joueur de flûte).

358 — Deux beaux **CHENETS** en bronze ciselé et doré, Louis XVI.

359 — Deux jolis petits **VASES** en ancienne porcelaine de la Chine, de la famille verte, montés en bronze doré, Louis XVI.

360 — Petite **PENDULE** de bureau en bronze doré, avec figure de l'Amour à la torche jetée sur le mouvement, époque Louis XVI.

361 — Deux jolies **CASSOLETTES** en bronze ciselé et doré à guirlandes de fleurs, montées sur socles en porphyre, Louis XVI.

362 — Belle**PENDULE** avec socle-console d'applique en écaille verte, très-richement ornée de bronze doré, Louis XV.

363 — Deux petits **VASES** hexagones en ancienne porcelaine de céladon, décor, gravure sous couverte, monture en bronze doré, Louis XV.

364 — Deux petites **CASSOLETTES**, forme œufs en bronze doré, supportées par trois cariatides de femmes ailées, Louis XVI.

365 — **QUATRE APPLIQUES** à trois lumières en bronze émaillé, style bysantin.

366 — **LAMPE** en porcelaine de la Chine, montée en bronze.

367 — **GARNITURE DE CHEMINÉE** : Pendule, deux Coupes et deux Flambeaux en bronze nikelé et doré.

368 — Deux **CORNETS** en cristal opaque et gravé, montés en bronze.

369 — **SIX APPLIQUES** en bronze, garnies de cristaux.

370 — Deux **CHENETS** en fer et cuivre, XVIe siècle.

371 — **SUPPORT** en fer forgé et bois noir.

372 — **CHANDELIER** de lecture à deux branches et à coulisses en bronxe argenté.

373 — Deux **CHENETS** en bronze, style Louis XVI.

374 — **PLAT** en cuivre gravé d'Orient.

375 — Deux **LAMPES** en bronze avec sujets en bas-relief.

376 — **SUITE DE DOUZE PIÈCES** en cuivre repoussé, telles que : Fontaine, Bougeoirs, Théières, Mouchettes, etc. (Sera divisé.)

377 — Deux **BASSINOIRES** en cuivre, Louis XIII.

378 — **QUATRE LAMPADAIRES** d'applique en bronze poli.

379 — **LAMPE** en porcelaine, montée en bronze.

380 — **COQUILLE**, porte-lettres en bronze doré.

381 — Petit **BAROMÈTRE** en bronze doré.

382 — Deux **FLACONS** en verre taillé, monture en cuivre doré.

383 — Deux **APPLIQUES** à bouquets de lys en bronze doré.

384 — Petite **COUPE** en bronze, pieds en forme de griffe.

385 — **COUPE** en marbre onyx, montée en bronze doré.

386 — **PENDULE** de chevet faisant veilleuse, en bronze partie dorée.

387 — Petit **GROUPE** en bronze, chien et potence.

388 — Grande **BONBONNIÈRE** en bronze émaillé, fond bleu turquoise.

389 — Petite **COUPE** en bronze.

390 — **BONBONNIÈRE** en métal émaillé.

391 — **BUSTE** en bronze de Barbedienne, tête de femme d'après l'antique, sur colonnes en bois noir.

392 — **GROUPE** en bronze (l'Ariane de Clésinger.)

393 — **STATUETTE** en bronze. (Sapho) de Pradier.

394 — Deux **GROUPES** en bronze (Faune et Bacchante) d'après Clodion.

395 — **PLAT** en bronze doré, orné d'onyx.

396 — Deux **VASES** en bronze de la Chine gravé.

397 — Jolie **PETITE CHAISE** à porteurs en laque du Japon, montée en bronze émaillé.

398 — **JARDINIÈRE** en cuivre à godrons, sur trépied en fer forgé, XVIe siècle.

399 — Deux **LAMPES** en porcelaine, montées en bronze.

OBJETS D'AMEUBLEMENT

400 — Beau **MEUBLE DE SALON** en tapisserie du temps de Louis XVI, représentant des fleurs et des rinceaux sur fond blanc, encadrement fond bleu à guirlandes, bois sculptés et dorés. Il se compose d'un Canapé et douze Fauteuils.

401 — Grande et belle **JARDINIÈRE**, forme bateau, en bois sculpté et doré, supporté par des sirènes, orné d'amours aux extrémités, époque Louis XVI.

402 — Jolie **BANQUETTE** à deux accotoirs en bois finement sculpté et doré, couverte en soie rayée et brochée du temps de Louis XVI.

403 — Deux **ENCOIGNURES** en bois de rose et marqueterie, ornées de bronze doré, époque Louis XVI.

404 — Deux **POUFS** couverts en broderie orientale, l'un fond jaune, l'autre fond bleu, garnis de draperies.

405 — Jolie **VITRINE RONDE** à hauteur d'appui en bois sculpté et doré, avec entrejambes exécutée d'après les dessins du temps de Louis XVI.

406 — **VITRINE** en bois sculpté et doré, avec étagères de côté toute garnie de glaces, fond en velours rouge, style Louis XVI.

407 — Beau **RÉGULATEUR** en bois de rose richement orné de bronze doré. Cadran multiple indiquant les heures, les jours, les mois, les phases de lune, etc., signé : Le Pers, à Paris, époque Louis XVI.

408 — **TABOURET** en bois sculpté noir et or couvert en lampas fond rouge, dessin blanc, forme Louis XIV.

409 — **POUF** en bois doré, couvert en broderie et satin rouge capitonné, style Louis XIV.

410 — **TABOURET** en bois doré, genre bambou, couvert en soirie noire brochée.

411 — Joli petit **CABINET** d'aspect monumental en bois d'ébène, enrichi de lapis, rouge antique, agate et autres matières précieuses. Le dessus s'ouvre en forme de coffret; l'intérieur est orné d'une glace de Venise, gravée, encadrée de marqueterie. Support à colonnes, XVIIe siècle.

412 — Beau **MEUBLE-CRÉDENCE** à fronton en bois noir finement sculpté, d'aspect monumental, supporté par des cariatides de satyres, style Renaissance.

413 — Beau **MEUBLE** à deux corps, à fronton, en noyer sculpté offrant sur les panneaux des sujets mythologiques en bas-relief, orné de plaques de marbres, style du XVIe siècle.

414 — Beau **MEUBLE** à deux corps, en bois sculpté avec fronton, d'aspect monumental, offrant sur les panneaux des cavaliers en bas-relief, sur les côtés des colonnes cannelées, des têtes d'aigles et, au centre du fronton dans une niche, un joli groupe en bronze (Vénus et l'Amour). Travail du XVIe siècle.

415 — **RÉGULATEUR** en chêne sculpté, avec cadran en bronze argenté, offrant au centre des figurations du soleil, époque Louis XIV.

416 — **FAUTEUIL** en noyer sculpté, couvert en soierie verte, à bouquets de fleurs, époque Louis XIII.

417 — Petit **MEUBLE D'ENTRE-DEUX** en chêne sculpté, époque Louis XIII.

418 — **CABINET** en palissandre, orné sur les tiroirs d'incrustations d'étain, représentant des allégories aux fables de La Fontaine.

419 — Deux **FAUTEUILS** en noyer sculpté, couverts en broderie au point de Hongrie, époque Louis XV.

420 — Petite **TABLE** en bois sculpté et doré, dessus en marbre bleu turquin, époque Louis XVI.

421 — **CONSOLE** en bois sculpté et doré, dessus en marbre turquin, époque Louis XVI.

422 — Beau **GROUPE** en marbre : La Folie entraînant l'Amour, de Lanzirotti.

423 — Beau **PARAVENT** à cinq feuilles, en bois finement sculpté et doré, garni de brocart d'or et d'argent broché à fleurs, style Louis XIV.

424 — Bel **ÉCRAN** en bois sculpté et doré, style Louis XIV, garni de satin blanc richement brodé en haut-relief, de rinceaux et de fleurs en argent et soie, époque Louis XIV.

425 — Deux **TABLES-SUPPORTS** en marqueterie d'étain et de cuivre sur fond d'écaille de l'Inde.

426 — Petit **ÉCRAN** en tapisserie au petit point à personnages, en bois sculpté.

427 — **POUF** en broderie et tapisserie formé de deux coussins superposés.

428 — Deux **STALLES** en bois sculpté, à figures et ornements, XVIe siècle.

429 — Deux **ESCABEAUX** en bois sculpté, style Renaissance.

430 — **ORGUE** en palissandre d'*Alexandre*.

431 — **CHAISE** d'orgue.

432 — Grande **VITRINE** en bois noir incrusté de cuivre, époque Louis XIV.

433 — Trois **ESCABEAUX** en chêne sculpté.

434 — Belle **TABLE CARRÉE** en bois de fer sculpté, dessus en ancien émail cloisonné de la Chine ; décor polychrome.

435 — **CABINET** en ancienne laque du Japon, sur table de l'époque de Louis XIV.

436 — Beau **GUÉRIDON** en malachite, richement monté en bronze doré, à têtes et à serre d'aigles.

437 — Belle **PSYCHÉ** en bois sculpté et doré, ornée d'appliques en bronze doré, style Louis XVI.

438 — **CHAISE LONGUE** en broderie de Perse multicolore, garnie de franges assorties.

439 — **GLACE**, de forme Louis XIV, avec cadre en velours et ornements découpés à jour, en bronze doré.

440 — Petite **TABLE** à étagère en marqueterie de bois, ornée de cuivres.

441 — **COFFRE** en bois sculpté rehaussé d'or, de la Renaissance.

442 — Deux **GLACES** biseautées avec cadres à fronton, partie en glace, partie en bois doré, style Louis XV.

443 — **LANTERNE** orientale.

444 — **AMEUBLEMENT** de chambre à coucher : Lit et Sommier avec baldaquin et rideaux, quatre Chaises en lampas rouge.

445 — Deux Fauteuils analogues.

446 — **SECRÉTAIRE** en marqueterie et bois de rose, orné de bronze doré, style Louis XVI.

447 — **TABLE** à ouvrage en marqueterie.

448 — **JARDINIÈRE** en marqueterie, ornée de bronze doré.

449 — Petit **FAUTEUIL**, Chaise et Pouf en bois réchampi de blanc, couverts en cretonne.

450 — Quatre **CHAISES** en bois doré, style Louis XVI.

451 — **FAUTEUIL** garni.

452 — Grand Fauteuil en lampas.

453 — Petite Table en acajou et filets de cuivre, style Louis XVI.

454 — **GLACE BISEAUTÉE** avec cadre à fronton, partie en glace, partie en bois doré, style Louis XVI.

455 — **BUFFET** à deux corps en chêne sculpté, de Mazaroz Tibalier.

456 — **SERVANTE** en chêne sculpté.

457 — **TABLE** de milieu en marqueterie, ornée de bronze.

458 — **TABLE** à jeu en marqueterie, ornée de bronze.

459 — **CABINET** en laque du Japon, avec table en bambou doré.

460 — **GUÉRIDON** en porcelaine de Saint-Amand, monté en bronze.

461 — **BILLARD ANGLAIS** en palissandre ciré et marqueterie.

462 — **TOILETTE** en bambou avec étagère, dessus de marbre.

463 — **TABLE** en bois réchampi de blanc et rehaussé d'or, style Louis XVI.

TAPISSERIES

464 — Deux très belles **TAPISSERIES** tissées d'or et d'argent, représentant des sujets bibliques avec bordures à figures d'enfants et ornements, XVIe siècle.

465 — **SUITE DE QUATRE BELLES TAPISSERIES**, représentant des scènes allégoriques à l'histoire de Diane chasseresse, avec larges bordures à petits personnages, médaillons et ornements, époque Renaissance.

446 — Beau **PANNEAU** en tapisserie, représentant un sujet d'après Téniers avec bordure, XVIIIe siècie.

467 — Belle **TAPISSERIE** verdure avec sa bordure.

468 — **SUITE DE TROIS BELLES TAPISSERIES**, représentant des sujets mythologiques avec bordures.

469 — **TAPISSERIE** représentant David dansant devant l'Arche avec bordure.

TAPIS, ÉTOFFES

470 — Beau **COUVRE-LIT** en ancien velours, fond vieil or, dessin rouge, bordure à petits enroulements et franges assorties ; XVIe siècle.

471 — **TAPIS** de Smyrne.

472 — Grand **TAPIS** d'Aubusson.

473 — **PEAU D'OURS** blanc.

474 — **BEAU TAPIS** de table en drap bleu avec *armoirie de Barbe Bleue*, au centre, et rinceaux en application formant bordure.

475 — **GARNITURE DE LIT** en satin blanc brodé en soie vert clair, composée de 3 lambrequins, ciel et fond de lit, deux rideaux et une pointe, époque Louis XVI.

476 — **COUPE D'ÉTOFFE** brochée fond blanc à bouquets, époque Louis XV.

477 — **TAPIS DE TABLE** en velours de Venise fond or et dessins rouges, avec franges assorties. XVIe siècle.

478 — **COUSSIN** en tapisserie des Gobelins fond noir à bouquet de fleurs.

479 — **TAPIS DE TABLE** en velours rouge, avec broderie au centre. XVIe siècle.

480 — **TAPIS DE TABLE** en velours vert, à broderie d'argent.

OBJETS DIVERS

481 — Grand Cadre en bois noir.

482 — Toile à animer : le Caporal et la Payse.

483 — Tableau représentant un Lapin.

484 — Vase en verre de Venise bleu.

485 — Deux Albums à photographies dont un avec reliure en malachite.

486 — Petit Vase en verre de Veuise.

487 — Boîte à gants en ivoire sculpté. Travail chinois.

488 — Deux Verres à sujets transparents.

489 — Narghilé en verre émaillé.

490 — Quatre Chaises et une Table de serre.

491 — Coffret en fer damasquiné d'or.

492 — Coffret Louis XIV couvert d'argenture.

493 — Pétrin avec son pied en bois sculpté, époque Louis XV.

494 — Timbre anglais.

495 — Coffret en bois et faïence.

496 — Brûle-Parjums tripode.

497 — Lanterne en fer pour le gaz.

498 — Objets non catalogués.

Vve Renou, Maulde et Cock, impr^{rs} de la Compagnie des Commissaires-Priseurs, rue de Rivoli, 144. 16499

www.ingramcontent.com/pod-product-compliance
Lightning Source LLC
LaVergne TN
LVHW010005230826
846092LV00002B/659